Impressum
Verlag: BABADADA GmbH, Nedderfeld 112 , 22529 Hamburg
Geschäftsführer / Verlagsleitung: Harald Hof
Druck: Books on Demand GmbH, In de Tarpen 42, 22848 Norderstedt

Imprint
Publisher: BABADADA GmbH, Nedderfeld 112 , 22529 Hamburg, Germany
Managing Director / Publishing direction: Harald Hof
Print: Books on Demand GmbH, In de Tarpen 42, 22848 Norderstedt

xue xiao

學校

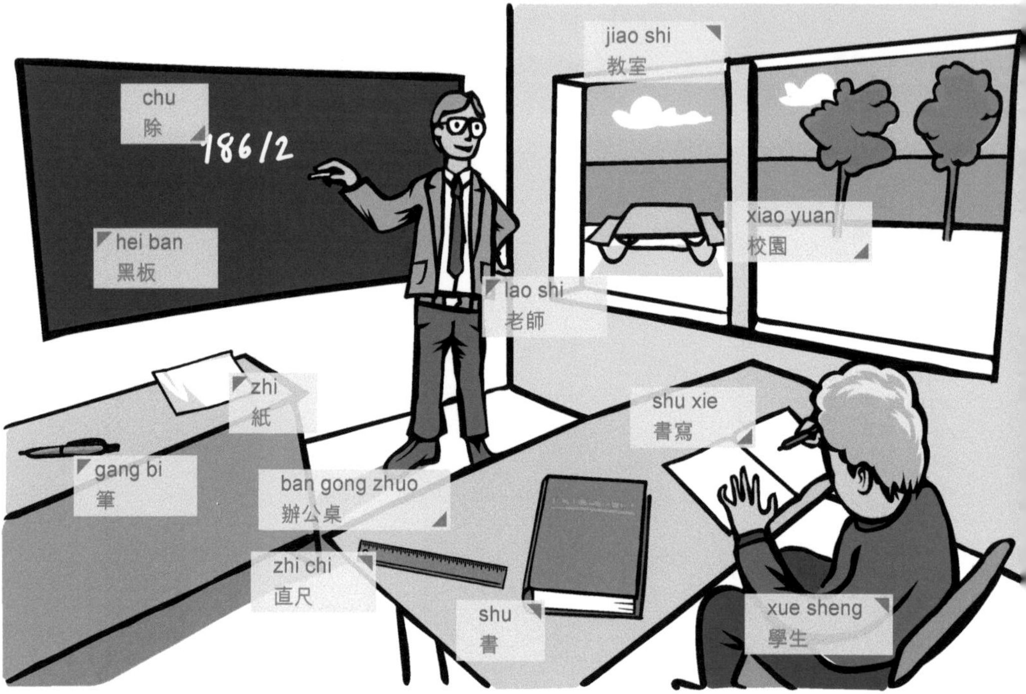
jiao shi
教室
chu
除
186/2
hei ban
黑板
xiao yuan
校園
lao shi
老師
zhi
紙
shu xie
書寫
gang bi
筆
ban gong zhuo
辦公桌
zhi chi
直尺
shu
書
xue sheng
學生

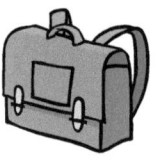

shu bao

書包

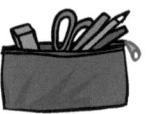

qian bi he

鉛筆盒

qian bi

鉛筆

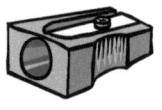

juan bi dao

削鉛筆機

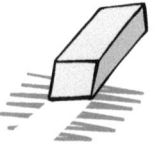

xiang pi ca

橡皮擦

hua ban

畫板

tu hua

圖畫

hua bi

畫筆

yan liao he

顏料盒

jian dao

剪刀

jiao shui

膠水

lian xi ce

練習冊

jia ting zuo ye

家庭作業

12

shu zi

數字

2+2

jia

加

5-2

jian

減

2×2

cheng

乘

ji suan

計算

A

zi mu

字母

ABCDEFG
HIJKLMN
OPQRSTU
VWXYZ

zi mu biao

字母表

hello

zi

字

ke wen

課文

du

讀

fen bi

粉筆

shang ke

上課

deng ji

登記

kao shi

考試

zheng shu

證書

xiao fu

校服

jiao yu

教育

bai ke quan shu

百科全書

da xue

大學

xian wei jing

顯微鏡

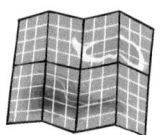

di tu

地圖

fei zhi kuang

廢紙簍

lü xing
旅行

jiu dian
飯店
Grand
qing nian lü xing she
青年旅社
ROOMS
wai bi dui huan chu
外幣兌換處
shou ti xiang
手提箱
qi che
汽車

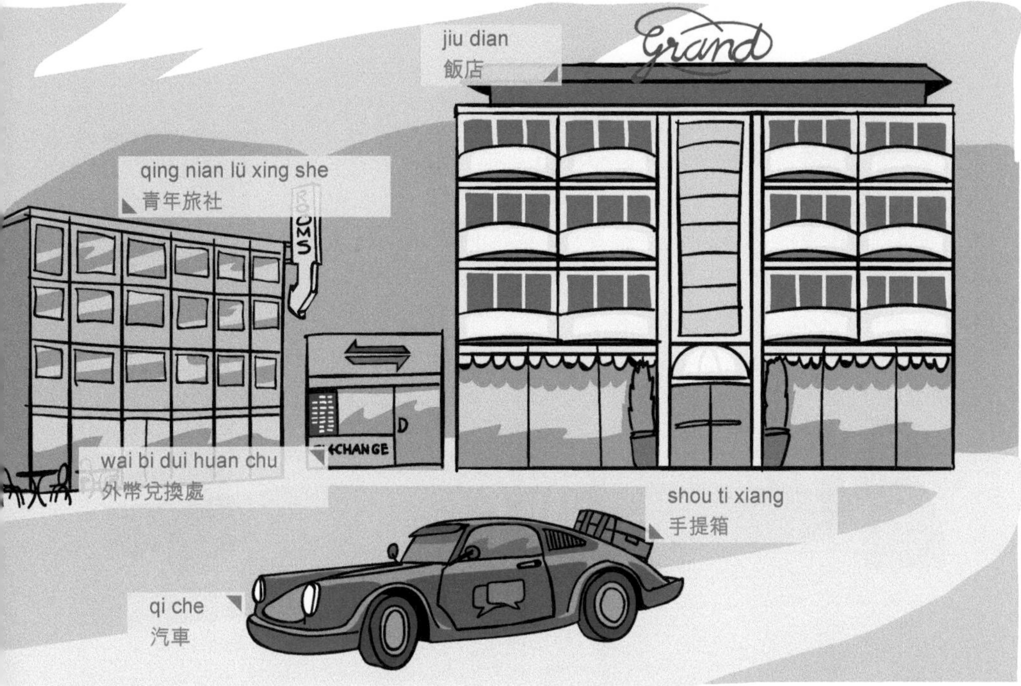

yu yan

語言

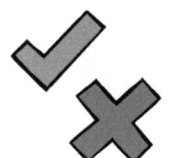

shi/fou

是/否

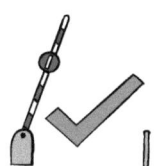

hao de

好的

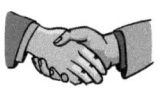

nin hao

您好

fan yi yuan

翻譯人員

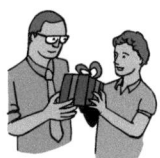

xie xie

謝謝

......duo shao qian?

......多少錢？

wo bu ming bai

我不明白

wen ti

問題

wan shang hao!

晚上好！

zao shang hao!

早上好！

wan an!

晚安！

zai jian

再見

fang xiang

方向

xing li

行李

bao

包

shuang jian bao

背包

ke ren

客人

fang jian

房間

shui dai

睡袋

zhang peng

帳篷

lü you xin xi

旅行資訊

hai tan

海灘

xin yong ka

信用卡

zao can

早餐

wu can

午餐

wan can

晚餐

piao

票

dian ti

電梯

you piao

郵票

bian jie

邊界

hai guan

海關

da shi guan

大使館

qian zheng

簽證

hu zhao

護照

jiao tong yun shu

交通運送

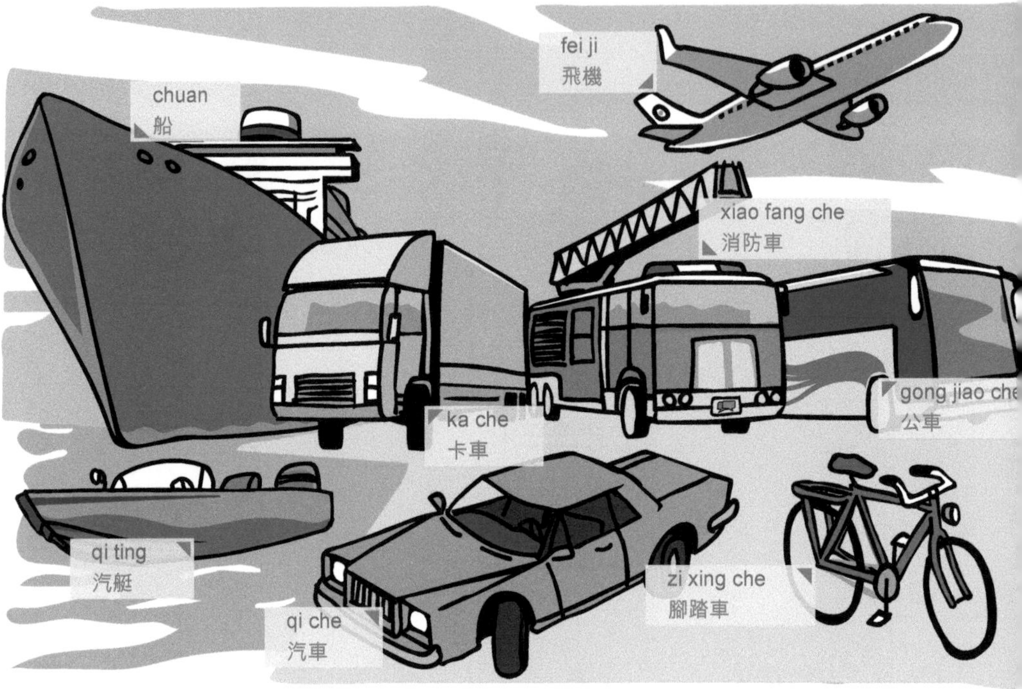
fei ji
飛機
chuan
船
xiao fang che
消防車
gong jiao ch
公車
ka che
卡車
qi ting
汽艇
zi xing che
腳踏車
qi che
汽車

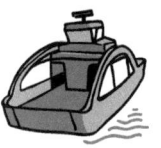

bai du chuan

渡輪

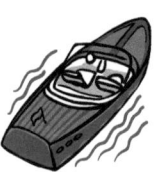

xiao chuan

小船

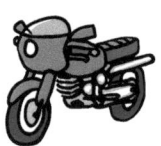

mo tuo che

機車

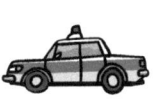

jing che

警車

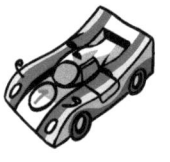

sai che

賽車

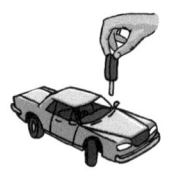

zu che

租車

pin che

拼車

tuo che

拖車

la ji che

垃圾車

fa dong ji

馬達

qi you

汽油

jia you zhan

加油站

jiao tong biao zhi

交通標識

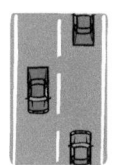

jiao tong

交通

jiao tong du sai

交通堵塞

ting che chang

停車場

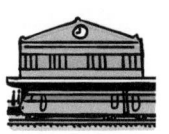

huo che zhan

火車站

gui dao

軌道

huo che

火車

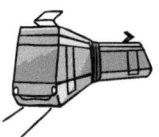

dian che

路面電車

huo che

客車廂

zhi sheng ji

直升機

ji chang

機場

ta

塔

cheng ke

乘客

ji zhuang xiang

集裝箱

zhi ban xiang

紙板箱

shou tui che

手推車

lan zi

籃子

qi fei/jiang luo

起飛/降落

cheng shi

城市

cun zhuang

村莊

shi zhong xin

市中心

fang zi

房子

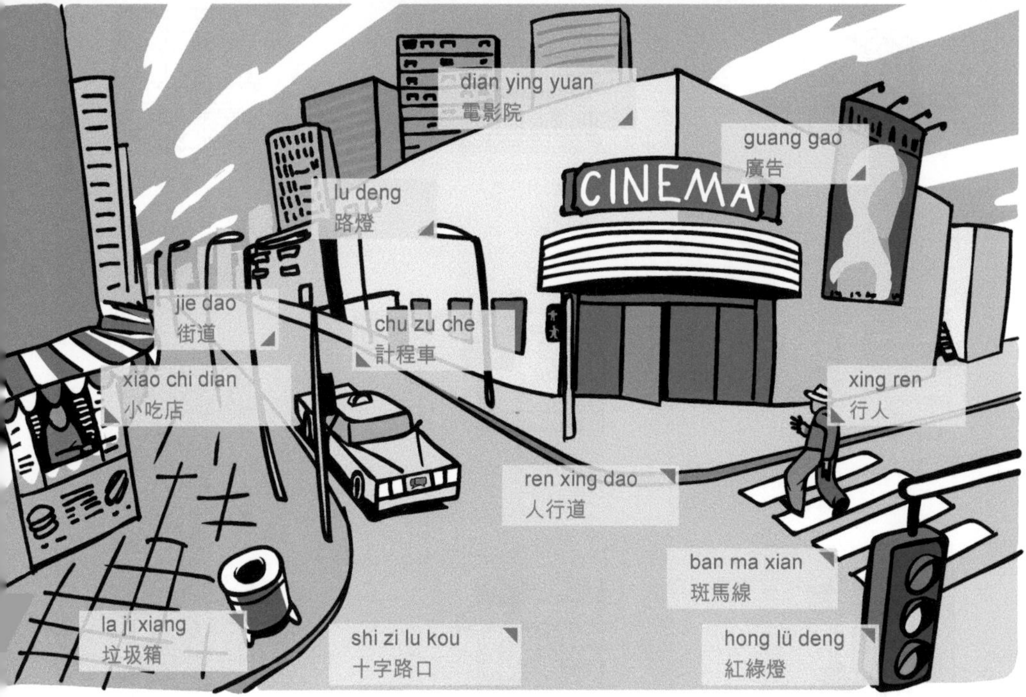

dian ying yuan
電影院

guang gao
廣告

lu deng
路燈

CINEMA

jie dao
街道

chu zu che
計程車

xiao chi dian
小吃店

xing ren
行人

ren xing dao
人行道

ban ma xian
斑馬線

la ji xiang
垃圾箱

shi zi lu kou
十字路口

hong lü deng
紅綠燈

xiao wu

小屋

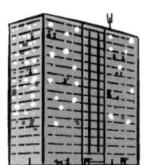

gong yu

公寓

huo che zhan

火車站

shi zheng ting

市政廳

bo wu guan

博物館

xue xiao

學校

cheng shi - 城市

da xue

大學

yin hang

銀行

yi yuan

醫院

jiu dian

飯店

yao fang

藥房

ban gong shi

辦公室

shu dian

書店

shang dian

商店

hua dian

花店

chao shi

超市

shi chang

市場

bai huo shang dian

百貨商店

yu dian

魚店

gou wu zhong xin

購物中心

hai gang

海港

gong yuan

公園

chang deng

長凳

qiao

橋

lou ti

樓梯

di tie

捷運

sui dao

隧道

gong jiao che zhan

公車站

jiu ba

酒吧

can guan

餐館

you tong

郵筒

lu biao

路標

ting che ji shi qi

停車計時器

dong wu yuan

動物園

you yong guan

游泳池

qing zhen si

清真寺

nong chang

農場

wu ran

污染

mu di

墓地

jiao tang

教堂

cao chang

操場

si miao

寺廟

di xing
地形

shu ye
樹葉

zhi shi pai
指示牌

lu
路

cao di
草地

shi tou
石頭

shu
樹

tu bu lü xing zhe
徒步旅行者

he
河

cao
草

hua
花

xia gu

峽谷

shan

丘陵

hu

湖

sen lin

森林

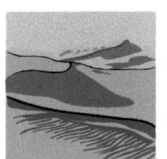

sha mo

沙漠

huo shan

火山

cheng bao

城堡

cai hong

彩虹

mo gu

蘑菇

zong lü shu

棕櫚樹

wen zi

蚊子

cang ying

蒼蠅

ma yi

螞蟻

mi feng

蜜蜂

zhi zhu

蜘蛛

jia chong

甲蟲

qing wa

青蛙

song shu

松鼠

ci wei

刺蝟

ye tu

野兔

mao tou ying

貓頭鷹

niao

鳥

tian e

天鵝

ye zhu

野豬

lu

鹿

mi lu

麋鹿

shui ba

水壩

feng li fa dian ji

風力發電機

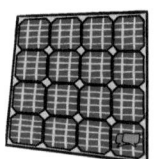

tai yang neng dian chi ban

太陽能電池板

qi hou

氣候

can guan
餐館

fu wu yuan
服務生
cai dan
菜譜
yi zi
椅子
tang
湯
pi sa bing
披薩餅
can ju
餐具
zhuo bu
桌布

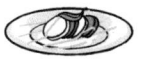

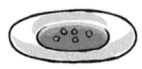

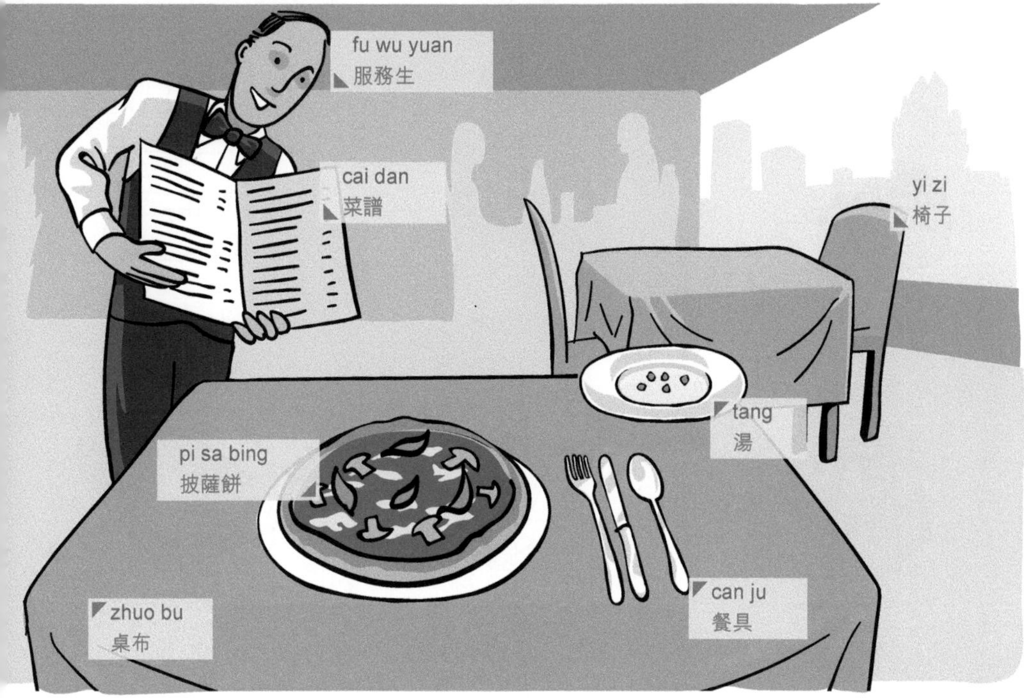

qian cai

前菜

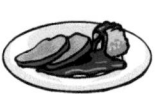

zhu cai

主菜

tian dian

甜點

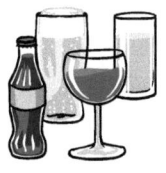

yin liao

飲料

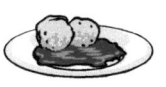

shi wu

食物

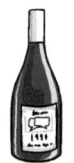

ping zi

瓶子

kuai can

速食

jie bian xiao chi

街邊小吃

cha hu

茶壺

tang he

糖盒

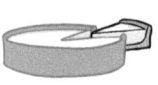

yi fen fan cai

一份飯菜

yi shi ka fei ji

義式咖啡機

gao jiao yi

高腳椅

zhang dan

帳單

tuo pan

托盤

dao

刀

can cha

餐叉

shao zi

勺子

cha chi

茶匙

can jin

餐巾

bo li bei

玻璃杯

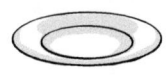

die zi

碟子

tang pan

湯盤

die zi

碟子

jiang

醬

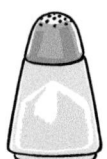

yan ping

鹽瓶

hu jiao mo

胡椒研磨罐

cu

醋

shi yong you

食用油

tiao wei liao

調味料

fan qie jiang

番茄醬

jie mo

芥末

dan huang jiang

美乃滋

chao shi
超市

te jia
特價
gu ke
顧客
FOR
ru zhi pin
乳製品
shui guo
水果
gou wu che
購物車

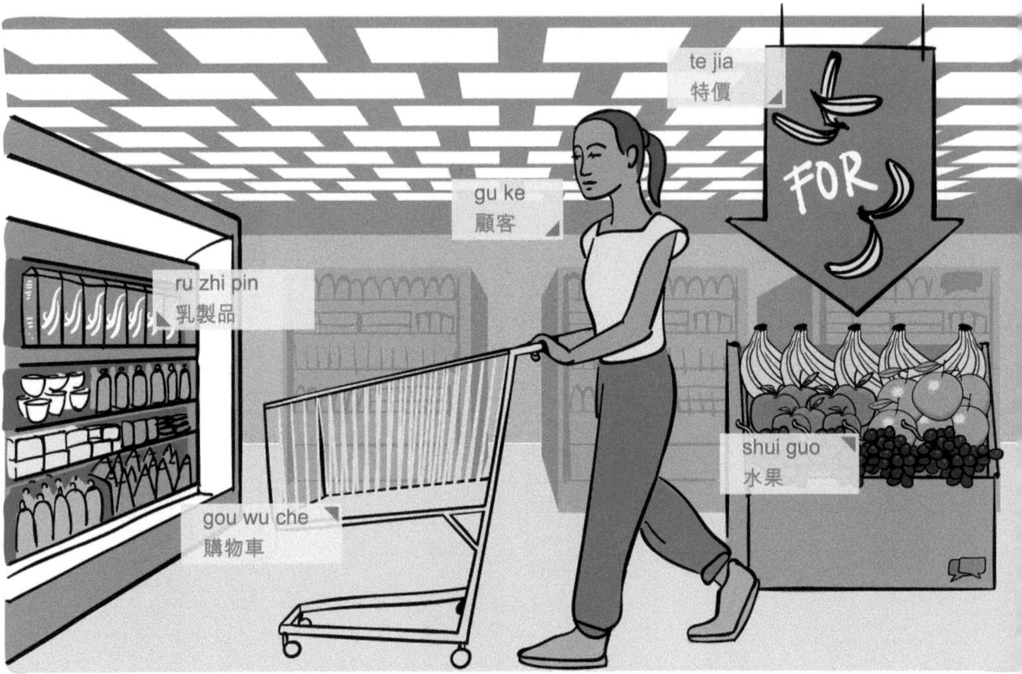

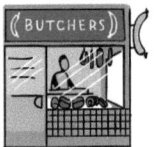

BUTCHERS

rou pu

肉鋪

BAKERY

mian bao fang

麵包店

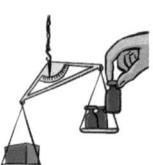

cheng zhong

稱重

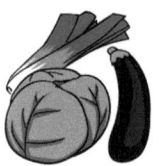

shu cai

蔬菜

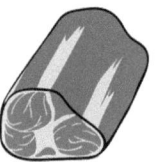

rou

肉

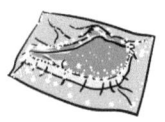

leng dong shi pin

冷凍食品

leng pan

冷盤

guan tou shi pin

罐頭食品

xi yi fen

洗衣粉

tian shi

甜食

ri yong pin

日用品

qing jie yong pin

清潔用品

xiao shou yuan

銷售員

shou yin ji

收銀機

shou yin yuan

收銀員

gou wu qing dan

購物清單

kai fang shi jian

開放時間

qian bao

錢包

xin yong ka

信用卡

dai zi

袋子

su liao dai

塑膠袋

shui

水

guo zhi

果汁

niu nai

牛奶

ke le

可樂

hong jiu

紅酒

pi jiu

啤酒

jiu

酒

ke ke

可可

cha

茶

ka fei

咖啡

yi shi nong suo ka fei

義式濃縮咖啡

ka bu qi nuo

卡布奇諾

xiang jiao

香蕉

ping guo

蘋果

cheng zi

柳丁

xi gua

西瓜

ning meng

檸檬

hu luo bo

胡蘿蔔

da suan

大蒜

zhu zi

竹子

yang cong

洋蔥

mo gu

蘑菇

jian guo

堅果

mian tiao

麵條

yi da li mian tiao

義大利麵

mi fan

米飯

sha la

沙拉

shu tiao

薯條

zha tu dou

炸馬鈴薯

pi sa bing

披薩餅

han bao bao

漢堡

san ming zhi

三明治

zha zhu pai

炸豬排

huo tui

火腿

sa la mi

義大利臘腸

xiang chang

香腸

ji rou

雞肉

kao rou

烤肉

yu

魚

yan mai pian

燕麥片

mu zi li

木斯里

yu mi pian

玉米片

mian fen

麵粉

yang jiao mian bao

牛角麵包

mian bao juan

麵包捲

mian bao

麵包

kao mian bao

吐司

bing gan

餅乾

huang you

奶油

ning ru

凝乳

dan gao

蛋糕

dan

蛋

jian dan

煎蛋

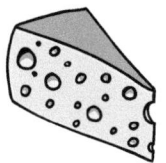

nai lao

起司

bing ji lin

冰淇淋

tang

糖

feng mi

蜂蜜

guo jiang

果醬

qiao ke li jiang

巧克力醬

ga li fan

咖哩

nong chang
農場

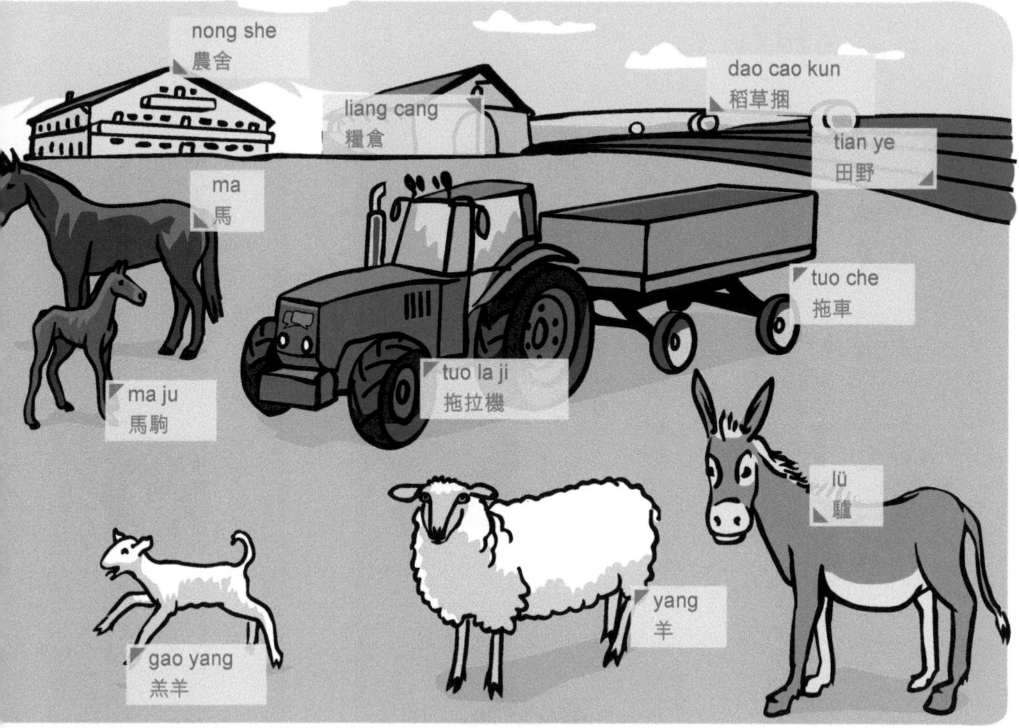
nong she
農舍
liang cang
糧倉
dao cao kun
稻草捆
tian ye
田野
ma
馬
tuo che
拖車
tuo la ji
拖拉機
ma ju
馬駒
lü
驢
yang
羊
gao yang
羔羊

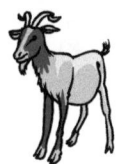

shan yang

山羊

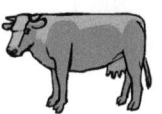

nai niu

奶牛

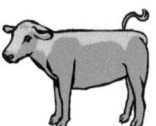

niu du

小牛

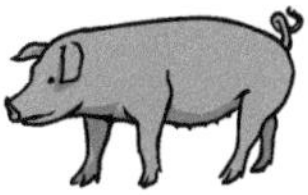

zhu

豬

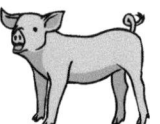

xiao zhu

小豬

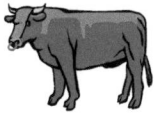

gong niu

公牛

e

鵝

ya

鴨

xiao ji

小雞

mu ji

母雞

gong ji

公雞

shu

鼠

mao

貓

lao shu

老鼠

niu

牛

gou

狗

gou wu

狗屋

hua yuan jiao shui ruan guan

花園澆水軟管

sa shui hu

澆水壺

chang bing da lian dao

長柄大鐮刀

li

犁

lian dao

鐮刀

chu tou

鋤頭

chang bing cao pa

長柄草耙

fu tou

斧頭

du lun shou tui che

獨輪手推車

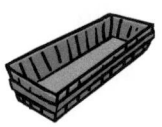

si liao cao

飼料槽

niu nai guan

牛奶罐

ma bu dai

麻布袋

zha lan

柵欄

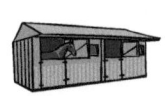

ma jiu

馬廄

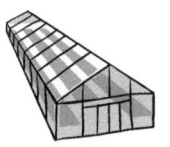

wen shi

溫室

tu rang

土壤

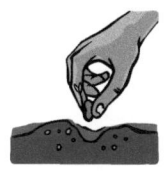

zhong zi

種子

fei liao

肥料

lian he shou ge ji

聯合收割機

shou ge

收割

shou ge

收割

shan yao

地瓜

xiao mai

小麥

da dou

大豆

tu dou

土豆

yu mi

玉米

you cai zi

油菜籽

guo shu

果樹

shu shu

樹薯

gu wu

穀物

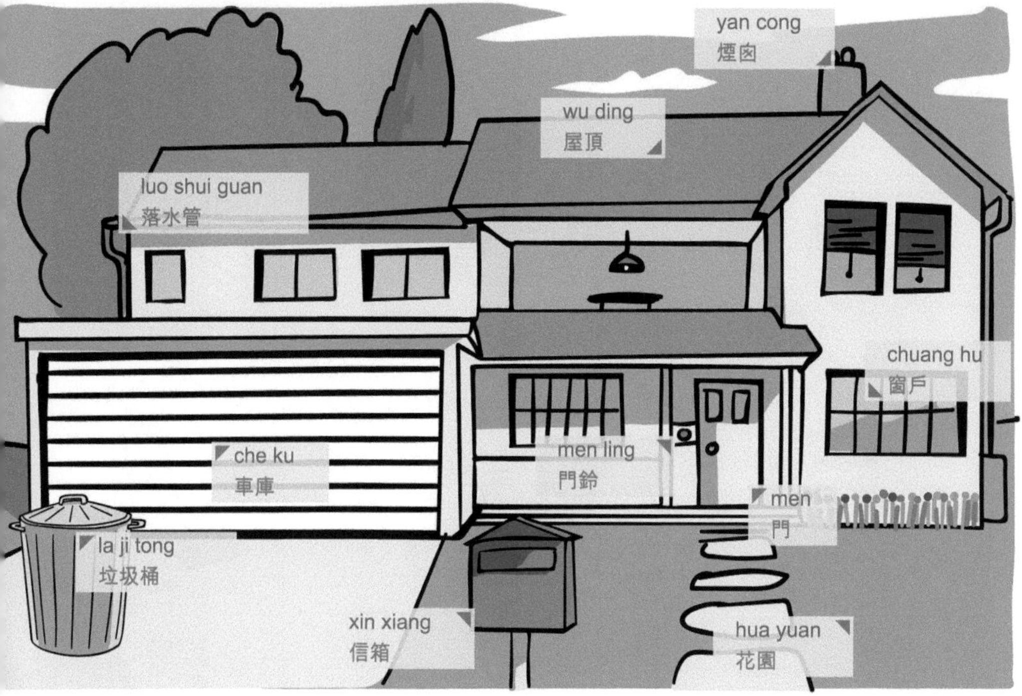

yan cong
煙囪

wu ding
屋頂

luo shui guan
落水管

chuang hu
窗戶

che ku
車庫

men ling
門鈴

men
門

la ji tong
垃圾桶

xin xiang
信箱

hua yuan
花園

ke ting
客廳

yu shi
浴室

chu fang
廚房

wo shi
臥室

er tong fang
兒童房

can ting
餐廳

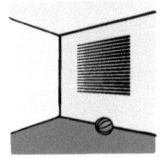

di ban

地板

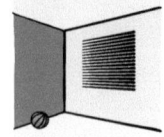

qiang bi

牆壁

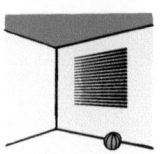

diao ding

天花板

di jiao

地窖

sang na

三溫暖

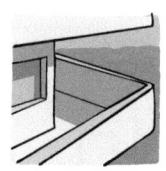

yang tai

陽臺

lu tai

露臺

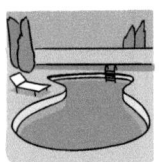

you yong chi

游泳池

ge cao ji

割草機

bei dan

被單

chuang zhao

床罩

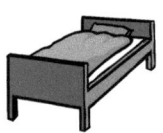

chuang

床

sao zhou

掃帚

shui tong

水桶

kai guan

開關

ke ting
客廳

bi zhi
壁紙
zhao pian
相片
tai deng
檯燈
ge jia
擱架
chu gui
櫥櫃
dian shi ji
電視
bi lu
壁爐
hua
花
dian zi
墊子
sha fa
沙發
hua ping
花瓶
yao kong qi
遙控器

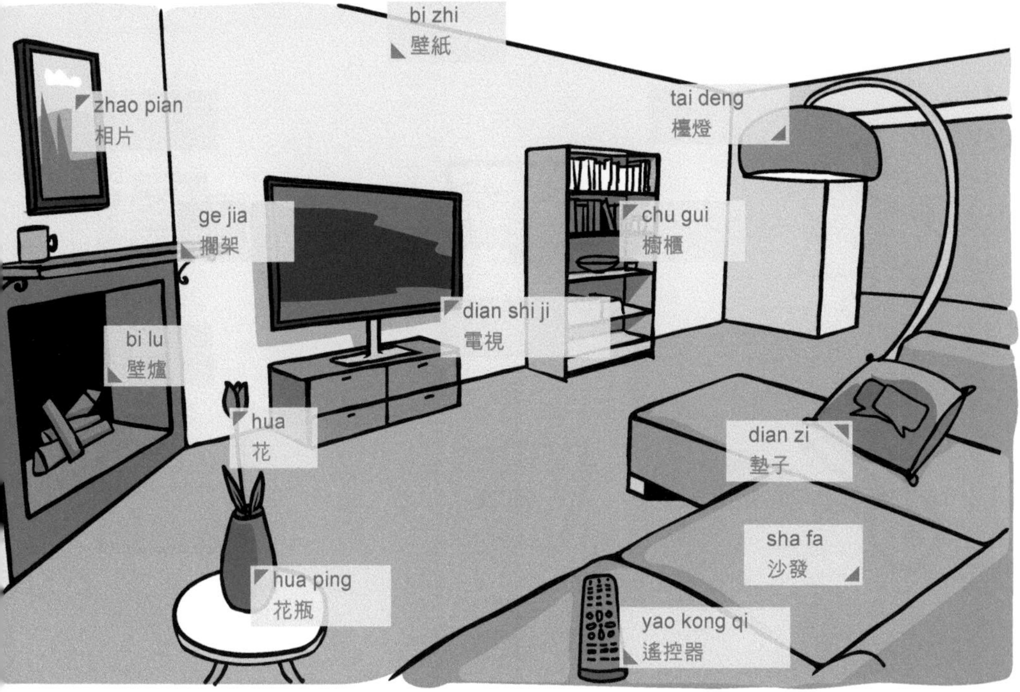

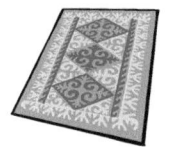

di tan
地毯

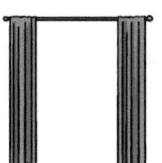

chuang lian
窗簾

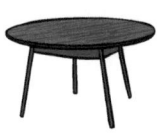

can zhuo
餐桌

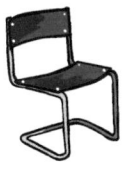

yi zi
椅子

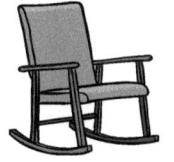

yao yi
搖椅

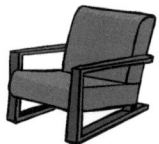

fu shou yi
扶手椅

shu

書

tan zi

毯子

zhuang shi pin

裝飾品

mu chai

木柴

dian ying

電影

gao bao zhen yin xiang

高傳真音響

yao shi

鑰匙

bao zhi

報紙

you hua

油畫

hai bao

海報

shou yin ji

收音機

bi ji ben

筆記本

xi chen qi

吸塵器

xian ren zhang

仙人掌

la zhu

蠟燭

chu fang
廚房

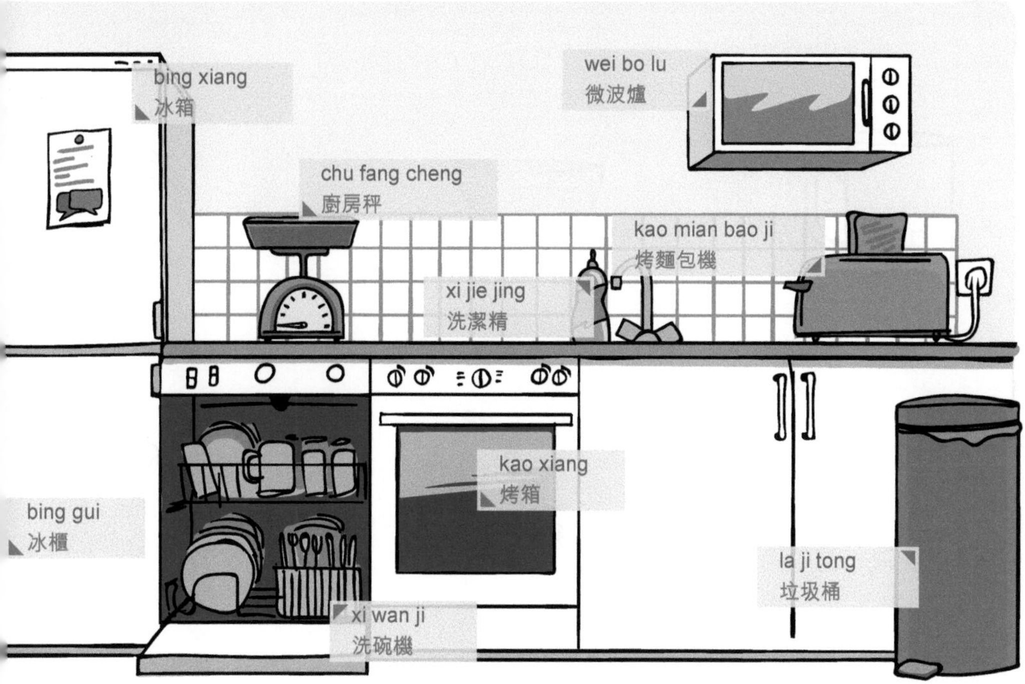
bing xiang
冰箱
wei bo lu
微波爐
chu fang cheng
廚房秤
kao mian bao ji
烤麵包機
xi jie jing
洗潔精
kao xiang
烤箱
bing gui
冰櫃
la ji tong
垃圾桶
xi wan ji
洗碗機

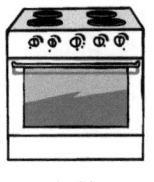

chui ju
炊具

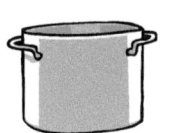

guo
鍋

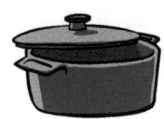

zhu tie guo
鑄鐵鍋

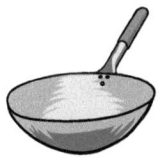

sha guo
炒鍋

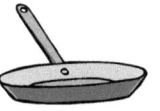

ping di guo
平底鍋

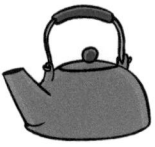

shui hu
水壺

zheng guo

蒸鍋

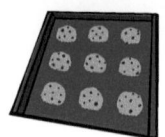

kao pan

烤盤

tao ci guo

陶瓷鍋

ma ke bei

馬克杯

wan

碗

kuai zi

筷子

chang bing shao

長柄勺

chan zi

鏟子

jiao ban qi

攪拌器

lü wang

濾網

shai zi

篩子

mo sui ji

磨碎機

yan bo

研缽

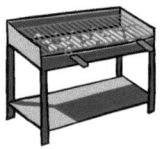

shao kao

燒烤

ming huo

明火

cai ban

菜板

gan mian zhang

擀麵杖

kai ping qi

開瓶器

guan zi

罐子

kai ping qi

開罐器

ge re shou tao

隔熱手套

shui cao

水槽

shua zi

刷子

hai mian

海綿

jiao ban ji

攪拌機

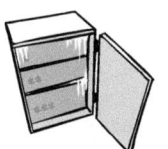

leng cang xiang

冷藏箱

nai ping

奶瓶

shui long tou

水龍頭

yu shi

浴室

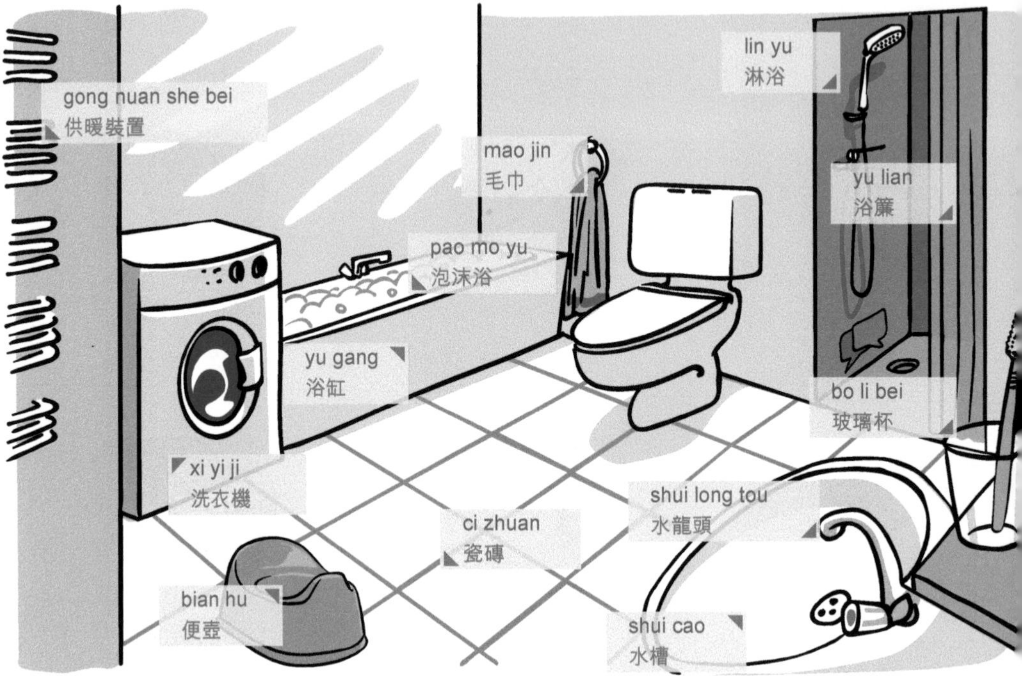

gong nuan she bei
供暖裝置
lin yu
淋浴
mao jin
毛巾
yu lian
浴簾
pao mo yu
泡沫浴
yu gang
浴缸
bo li bei
玻璃杯
xi yi ji
洗衣機
shui long tou
水龍頭
ci zhuan
瓷磚
bian hu
便壺
shui cao
水槽

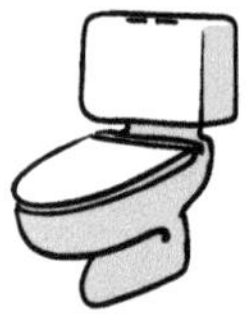

ce suo
廁所

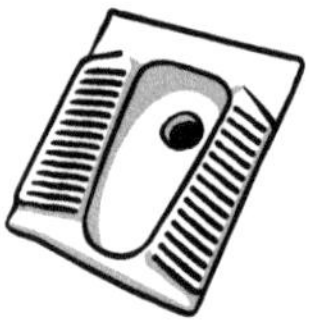

dun bian qi
蹲便器

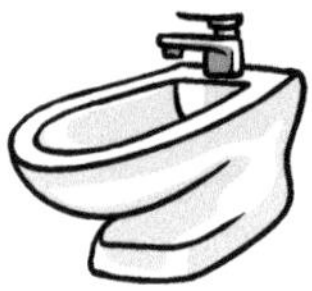

zuo yu qi
坐浴器

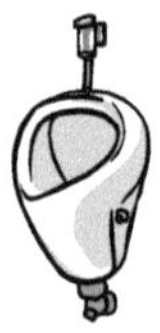

xiao bian chi
小便斗

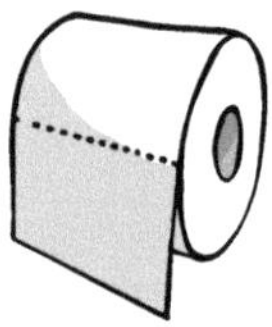

ce zhi
廁紙

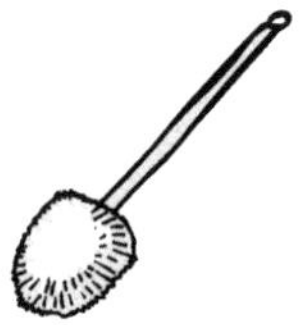

ma tong shua
馬桶刷

ya shua

牙刷

ya gao

牙膏

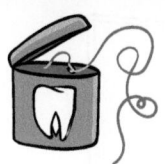

ya xian

牙線

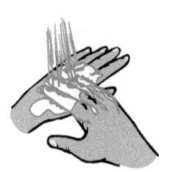

xi

洗

shou chi shi pen lin tou

手持式蓮蓬頭

chong xi qi

沖洗器

xi lian pen

洗臉盆

ca bei shua

洗背刷

fei zao

肥皂

mu yu lu

沐浴露

xi fa shui

洗髮乳

fa lan rong

法蘭絨

pai shui

排水

ru shuang

乳霜

chu chou ji

除臭劑

jing zi

鏡子

shou jing

手鏡

ti xu dao

刮鬍刀

ti xu pao mo

刮鬍泡沫

xu hou shui

鬍後水

shu zi

梳子

shua zi

刷子

chui feng ji

吹風機

pen fa ding xing ji

噴髮定型劑

hua zhuang pin

化妝品

chun gao

唇膏

zhi jia you

指甲油

hua zhuang mian

化妝棉

zhi jia jian

指甲剪

xiang shui

香水

xi shu bao

洗漱包

deng zi

凳子

ji zhong cheng

計重秤

yu pao

浴袍

xiang jiao shou tao

橡膠手套

wei sheng mian tiao

衛生棉條

wei sheng jin

衛生棉

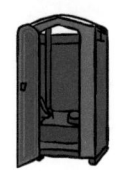

hua xue ce suo

化學廁所

er tong fang
兒童房

nao zhong
鬧鐘
mao rong wan ju
毛絨玩具
wan ju che
玩具車
bo lang gu
撥浪鼓
wan ju wu
玩具屋
li wu
禮物

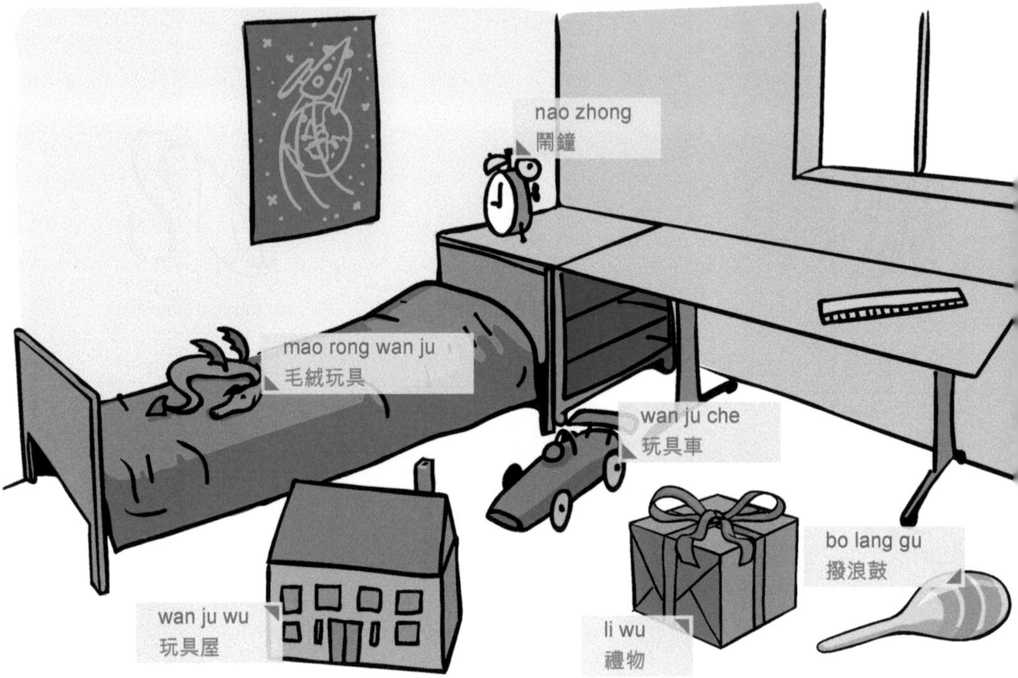

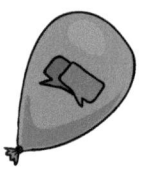

qi qiu

氣球

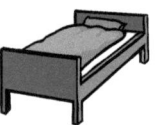

chuang

床

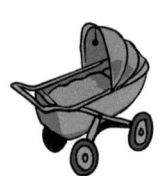

(yang wa wa yong)ying er che

嬰兒車

pu ke pai

撲克牌

pin tu

拼圖

SUPER MEGA

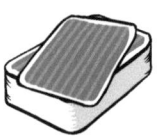

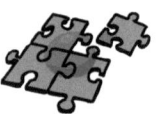

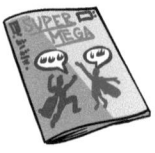

man hua

漫畫

le gao ji mu

樂高積木

ji mu wan ju

積木玩具

wan ju ren

公仔

ying er fu

嬰兒服

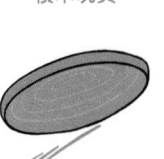

fei pan

飛盤

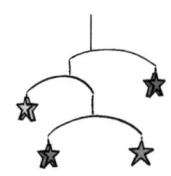

chuang ling wan ju

床鈴玩具

qi pan you xi

棋盤遊戲

shai zi

骰子

huo che mo xing

火車模型

an fu nai zui

安撫奶嘴

ju hui

派對

hui ben

繪本

qiu

球

yang wa wa

洋娃娃

wan

玩

sha keng

沙坑

qiu qian

鞦韆

wan ju

玩具

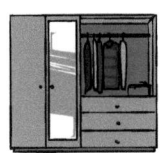

you xi ji

電玩遊戲

san lun che

三輪車

tai di xiong

泰迪熊

yi chu

衣櫃

yi fu

衣服

wa zi

襪子

chang wa

長襪

jin shen ku

緊身褲

wei jin
圍巾

yu san
雨傘

T xu
T恤

pi dai
皮帶

xue zi
靴子

tuo xie
拖鞋

yun dong xie
運動鞋

liang xie
涼鞋

xie
鞋

yu xue
雨靴

nei ku
內褲

xiong zhao
胸罩

bei xin
背心

shen ti

身體

ku zi

褲子

niu zai ku

牛仔褲

duan qun

短裙

nü shi chen shan

女式襯衫

chen shan

襯衫

tao tou shan

套頭衫

wei yi

連帽上衣

xi zhuang jia ke

西裝夾克

jia ke

夾克

wai tao

外套

yu yi

雨衣

tao zhuang

套裝

lian yi qun

連衣裙

hun sha

婚紗

xi zhuang

西裝

shui pao

睡袍

shui yi

睡衣

sha li

莎麗

tou jin

頭巾

bao tou jin

包頭巾

bo ka

波卡

ka fu tan

卡夫坦

(a la bo shi)chang pao

(阿拉伯式)長袍

yong yi

泳衣

nan shi yong ku

男式泳褲

duan ku

短褲

yun dong fu

運動服

wei qun

圍裙

shou tao

手套

niu kou

鈕扣

yan jing

眼鏡

shou lian

手鏈

xiang lian

項鍊

jie zhi

戒指

er huan

耳環

bian mao

便帽

yi jia

衣架

mao zi

帽子

ling dai

領帶

la lian

拉鍊

tou kui

安全帽

bei dai

背帶

xiao fu

校服

zhi fu

制服

wei dou

圍兜

an fu nai zui

安撫奶嘴

niao bu shi

尿布

ban gong shi

辦公室

fu wu qi
伺服器

wen jian gui
檔案櫃

da yin ji
印表機

xian shi ping
螢幕

zhi
紙

shu biao
滑鼠

ban gong zhuo
辦公桌

wen jian jia
資料夾

jian pan
鍵盤

fei zhi kuang
廢紙簍

yi zi
椅子

dian nao
電腦

ka fei bei

咖啡杯

ji suan qi

計算機

yin te wang

網際網路

bi ji ben dian nao

筆記型電腦

xin jian

信件

xiao xi

簡訊

shou ji

行動電話

wang luo

網路

fu yin ji

影印機

ruan jian

軟體

dian hua

電話

cha zuo

插座

chuan zhen ji

傳真機

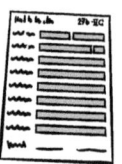

biao ge

表格

wen jian

檔案

mai

買

fu qian

付錢

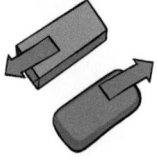

jiao yi

交易

xian jin

現金

mei yuan

美元

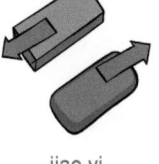

ou yuan

歐元

ri yuan

日元

lu bu

盧布

rui shi fa lang

瑞士法郎

ren min bi

人民幣

lu bi

盧比

ti kuan chu

提款處

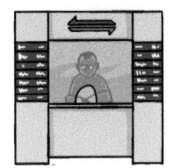

wai bi dui huan chu

外幣兌換處

jin

金

yin

銀

shi you

石油

neng yuan

能源

jia ge

價格

he tong

合約

shui jin

稅金

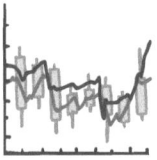

gu piao

股票

gong zuo

工作

zhi yuan

職員

lao ban

老闆

gong chang

工廠

shang dian

商店

jing guan
警官

xiao fang yuan
消防員

chu shi
廚師

yi sheng
醫師

fei xing yuan
飛行員

yuan ding

園丁

mu jiang

木匠

cai feng

裁縫

fa guan

法官

hua xue jia

化學家

yan yuan

演員

gong jiao che si ji

公車司機

chu zu che si ji

計程車司機

yu fu

漁夫

qing jie nü gong

清洗女工

wu ding gong

屋頂工

fu wu yuan

服務生

lie ren

獵人

hua jia

畫家

mian bao shi

麵包師

dian gong

電工

jian zhu gong ren

建築工人

gong cheng shi

工程師

tu fu

屠夫

shui guan gong

水管工

you di yuan

郵差

shi bing

士兵

jian zhu shi

建築師

shou yin yuan

收銀員

hua nong

花農

li fa shi

理髮師

shou piao yuan

售票員

ji xie shi

機械技師

chuan zhang

船長

ya yi

牙醫

ke xue jia

科學家

la bi

拉比

yi ma mu

伊瑪目

he shang

和尚

mu shi

牧師

gong ju
工具

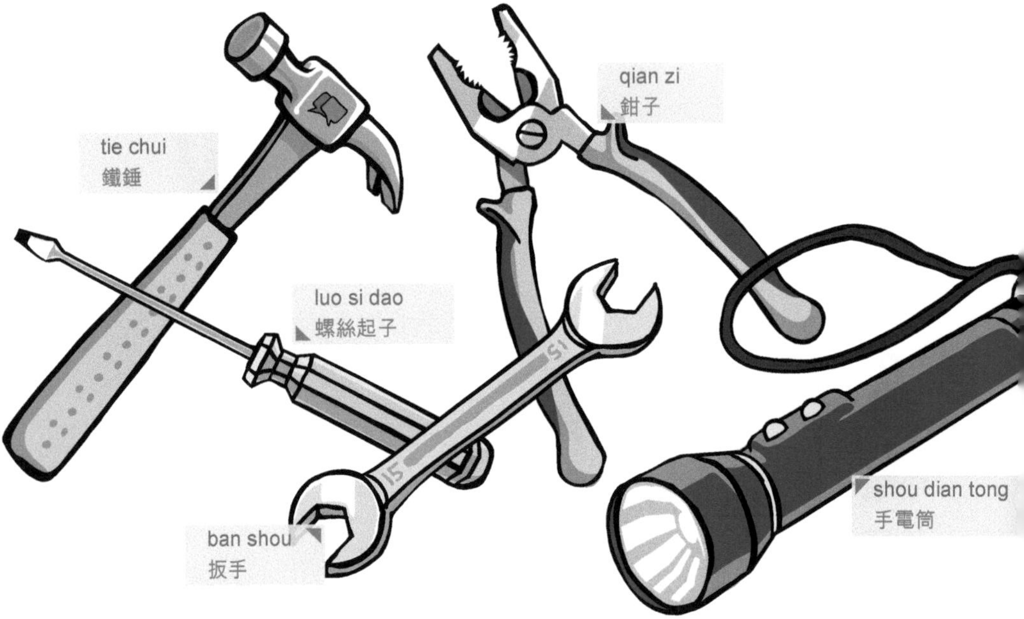
qian zi
鉗子
tie chui
鐵錘
luo si dao
螺絲起子
shou dian tong
手電筒
ban shou
扳手

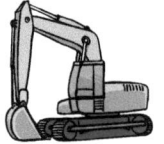

wa jue ji

挖掘機

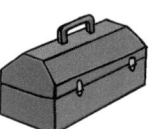

gong ju xiang

工具箱

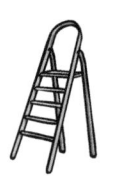

ti zi

梯子

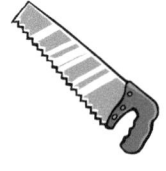

ju zi

鋸子

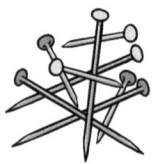

ding zi

釘子

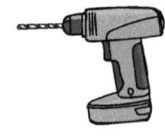

zuan ji

鑽機

xiu

修

chan zi

鏟子

kao!

糟糕！

bo ji

畚箕

you qi tong

油漆桶

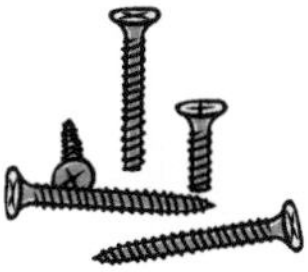

luo si

螺絲

yue qi
樂器

da ji yue qi
打擊樂器

yang sheng qi
揚聲器

ji ta
吉他

di yin ti qin
低音提琴

xiao hao
小號

gang qin

鋼琴

xiao ti qin

小提琴

bei si

貝斯

ding yin gu

定音鼓

gu

鼓

dian zi qin

電子琴

sa ke si guan

薩克斯風

chang di

長笛

mai ke feng

麥克風

ru kou
入口

lao hu
老虎

long zi
籠子

ban ma
斑馬

dong wu si liao
動物飼料

xiong mao
熊貓

dong wu

動物

da xiang

大象

dai shu

袋鼠

xi niu

犀牛

da xing xing

大猩猩

xiong

熊

luo tuo

駱駝

tuo niao

鴕鳥

shi zi

獅子

hou zi

猴子

huo lie niao

紅鶴

ying wu

鸚鵡

bei ji xiong

北極熊

qi e

企鵝

sha yu

鯊魚

kong que

孔雀

she

蛇

e yu

鱷魚

dong wu yuan guan li yuan

動物園管理員

hai bao

海豹

mei zhou bao

美洲豹

ai zhong ma

矮種馬

bao

豹

he ma

河馬

chang jing lu

長頸鹿

lao ying

老鷹

ye zhu

野豬

yu

魚

gui

龜

hai xiang

海象

hu li

狐狸

ling yang

羚羊

gan lan qiu
橄欖球

qi zi xing che
騎腳踏車

wang qiu
網球

lan qiu
籃球

you yong
游泳

quan ji
拳擊

bing qiu
冰球

ying shi zu qiu

美式足球

yu mao qiu

羽毛球

tian jing

田徑

shou qiu

手球

hua xue

滑雪

ma qiu

馬球

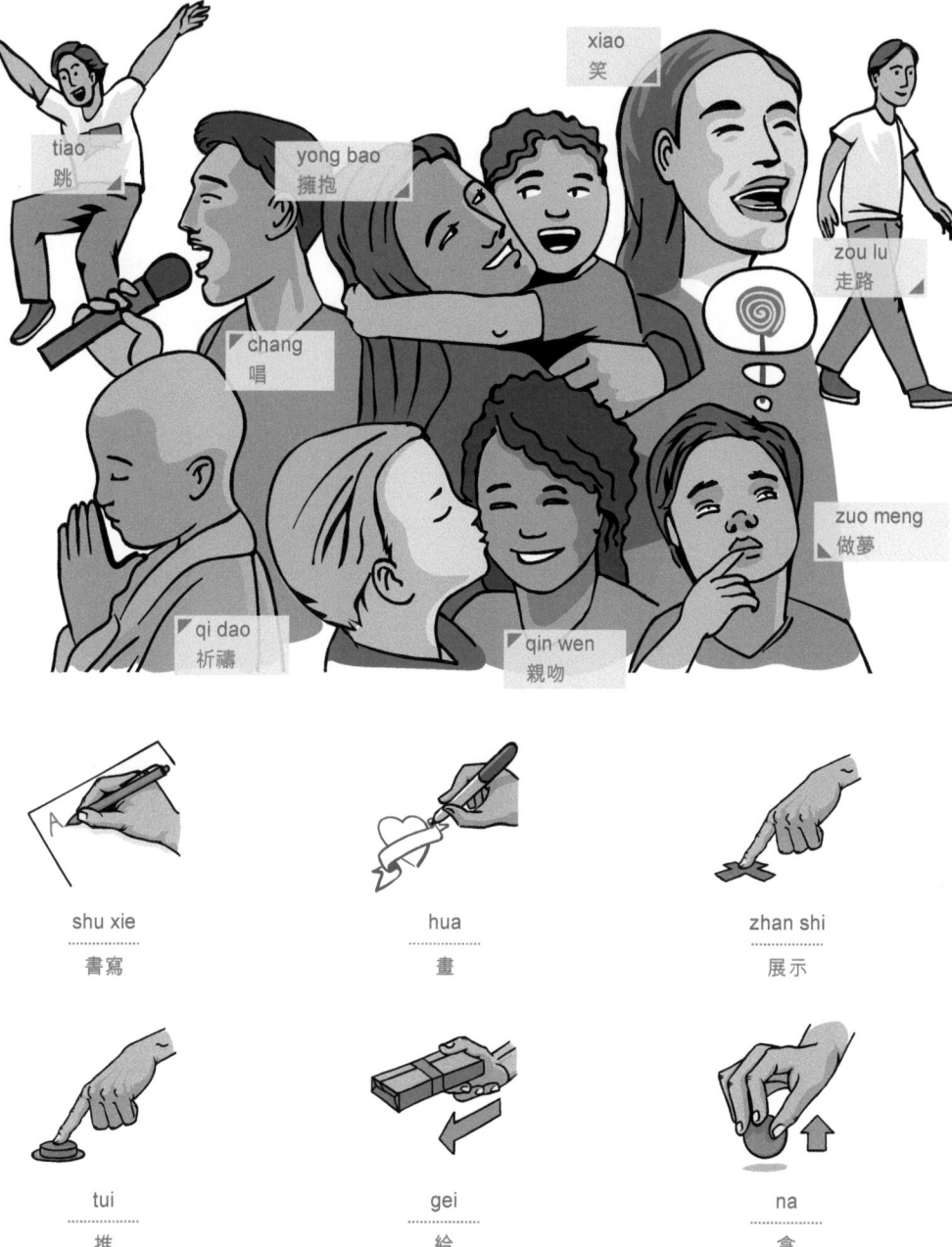

tiao
跳

yong bao
擁抱

xiao
笑

zou lu
走路

chang
唱

qi dao
祈禱

qin wen
親吻

zuo meng
做夢

shu xie
書寫

hua
畫

zhan shi
展示

tui
推

gei
給

na
拿

you

有

zuo

做

dang

當

zhan

站

pao

跑

la

拉

reng

丟

shuai dao

摔倒

tang

躺

deng dai

等待

xie dai

攜帶

zuo

坐

chuan yi

穿衣

shui jiao

睡覺

xing lai

醒來

kan

看

ku

哭

fu mo

擊

shu tou

梳頭

jiao tan

交談

ming bai

明白

wen

問

ting

聽

he

喝

chi

吃

qing li

清理

ai

愛

zuo fan

做飯

kai che

開車

fei

飛

hang xing

航行

ji suan

計算

du

讀

xue xi

學習

gong zuo

工作

jie hun

結婚

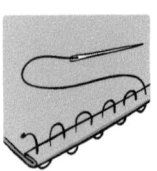

feng

縫

shua ya

刷牙

sha

殺

chou yan

抽菸

ji

寄

zu mu
祖母

zu fu
祖父

fu qin
父親

mu qin
母親

ying tong
嬰兒

nü er
女兒

er zi
兒子

ke ren

客人

a yi

阿姨

shu shu

叔叔

xiong di

兄弟

jie mei

姐妹

shen ti

身體

qian e
前額
yan jing
眼睛
jian bang
肩膀
shou zhi
手指
lian
臉
xia ba
下巴
shou
手
tui
腿
ru fang
乳房
shou bi
手臂

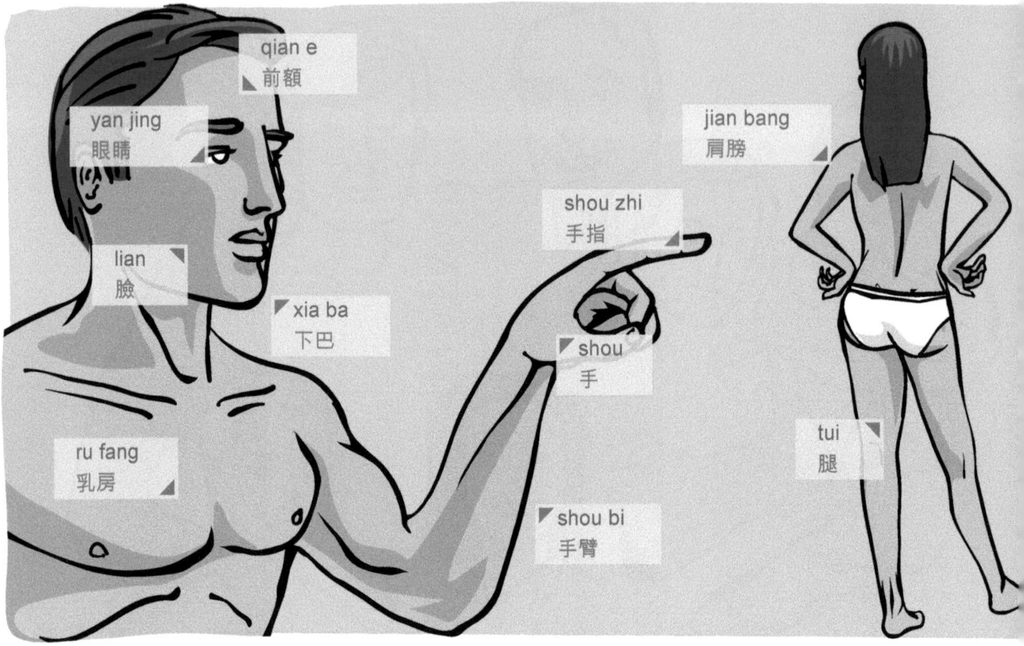

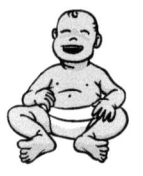

ying tong

嬰兒

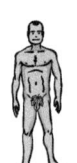

nan ren

男人

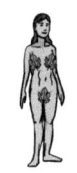

nü ren

女人

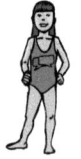

nü hai

女孩

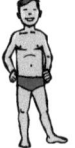

nan hai

男孩

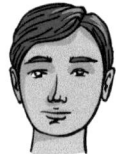

tou

頭

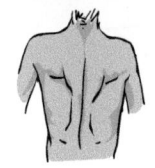

bei bu

背部

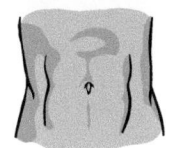

du zi

肚子

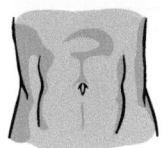

du qi

肚臍

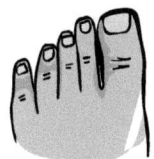

jiao zhi

腳趾

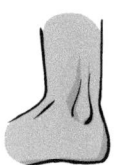

jiao hou gen

腳後跟

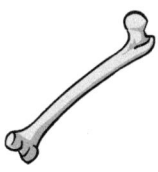

gu tou

骨頭

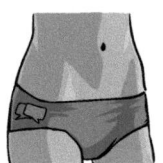

tun bu

臀部

xi gai

膝蓋

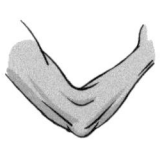

shou zhou

手肘

bi zi

鼻子

pi gu

屁股

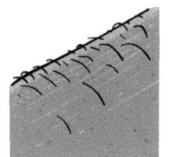

pi fu

皮膚

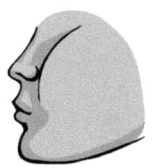

lian jia

臉頰

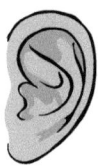

er duo

耳朵

zui chun

嘴唇

zui

嘴

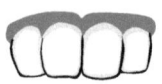

ya chi

牙齒

she tou

舌頭

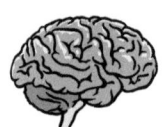

nao

腦

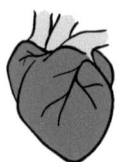

xin zang

心臟

ji rou

肌肉

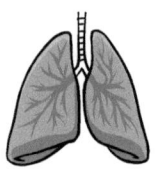

fei

肺

gan zang

肝臟

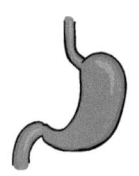

wei

胃

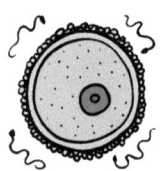

shen zang

腎臟

xing jiao

性交

bi yun tao

保險套

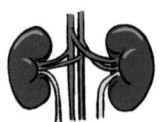

luan zi

卵子

jing zi

精子

huai yun

懷孕

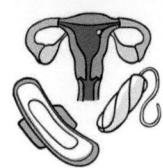

yue jing

月事

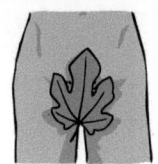

yin dao

陰道

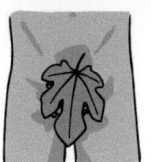

yin jing

陰莖

mei mao

眉毛

tou fa

頭髮

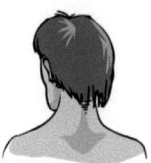

bo zi

脖子

yi yuan
醫院

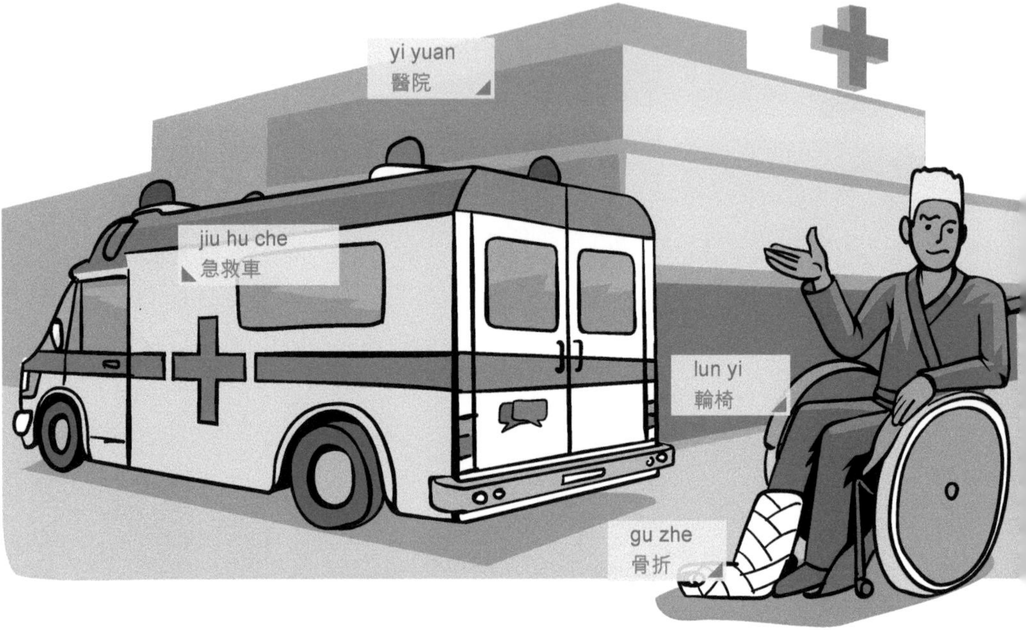

yi yuan
醫院
jiu hu che
急救車
lun yi
輪椅
gu zhe
骨折

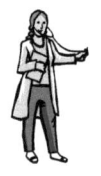

yi sheng

醫師

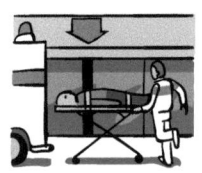

ji zhen shi

急診室

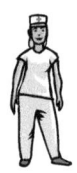

hu shi

護理師

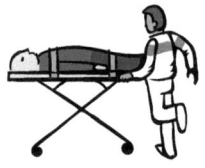

jin ji qing kuang

緊急情形

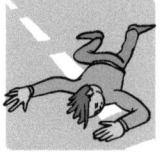

hun mi

昏迷

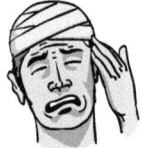

tong

痛

shou shang

受傷

chu xue

出血

xin zang bing fa zuo

心臟病發作

zhong feng

中風

guo min

過敏

ke sou

咳嗽

fa shao

發燒

liu gan

流感

fu xie

腹瀉

tou tong

頭痛

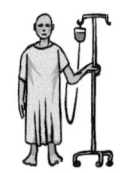

ai zheng

癌症

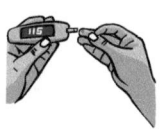

tang niao bing

糖尿病

wai ke yi sheng

外科醫師

shou shu dao

手術刀

shou shu

手術

CT

電腦斷層掃描

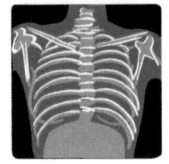

X guang

X光

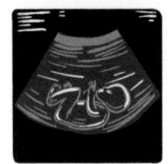

chao sheng bo

超音波

kou zhao

口罩

ji bing

疾病

hou zhen shi

候診室

guai zhang

拐杖

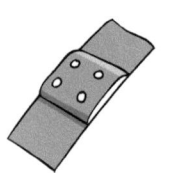

shi gao

石膏

beng dai

繃帶

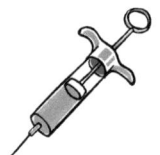

zhu she

注射

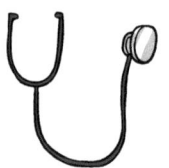

ting zhen qi

聽診器

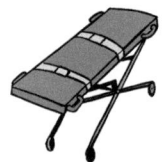

dan jia

擔架

ti wen ji

體溫計

chu sheng

出生

chao zhong

超重

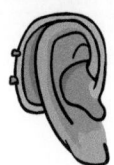

zhu ting qi

助聽器

xiao du ye

消毒液

gan ran

感染

bing du

病毒

ai zi bing

愛滋病

yao wu

藥物

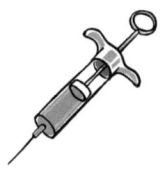

jie zhong yi miao

接種疫苗

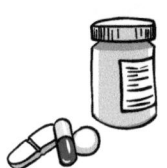

yao pian

藥片

yao wan

藥丸

ji jiu dian hua

急救電話

xue ya ji

血壓計

sheng bing/jian kang

生病/健康

jiu ming!

救命！

tu ji

突擊

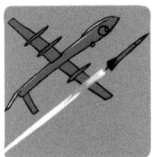

gong ji

攻擊

wei xian

危險

jin ji chu kou

緊急出口

zhao huo la!

失火了！

mie huo qi

滅火器

yi wai

意外

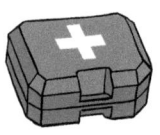

ji jiu xiang

急救箱

hu jiu xin hao

呼救訊號

jing cha

員警

(jing bao)

警報

ou zhou

歐洲

bei mei zhou

北美洲

nan mei zhou

南美洲

fei zhou

非洲

ya zhou

亞洲

ao zhou

澳洲

da xi yang

大西洋

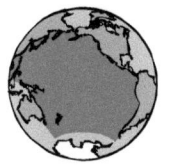

tai ping yang

太平洋

yin du yang

印度洋

nan bing yang

南冰洋

bei bing yang

北冰洋

bei ji

北極

nan ji

南極

nan ji zhou

南極洲

di qiu

地球

lu di

陸地

hai

海

dao

島

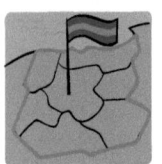

guo jia

國家

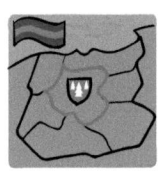

guo jia

州

zhong mian
....
錶盤

shi zhen
....
時針

fen zhen
....
分針

miao zhen
....
秒針

xian zai ji dian?
....
現在幾點？

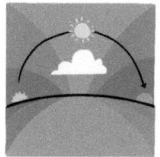

tian
....
天

shi jian
....
時間

xian zai
....
現在

dian zi biao
....
電子錶

fen
....
分

shi
....
時

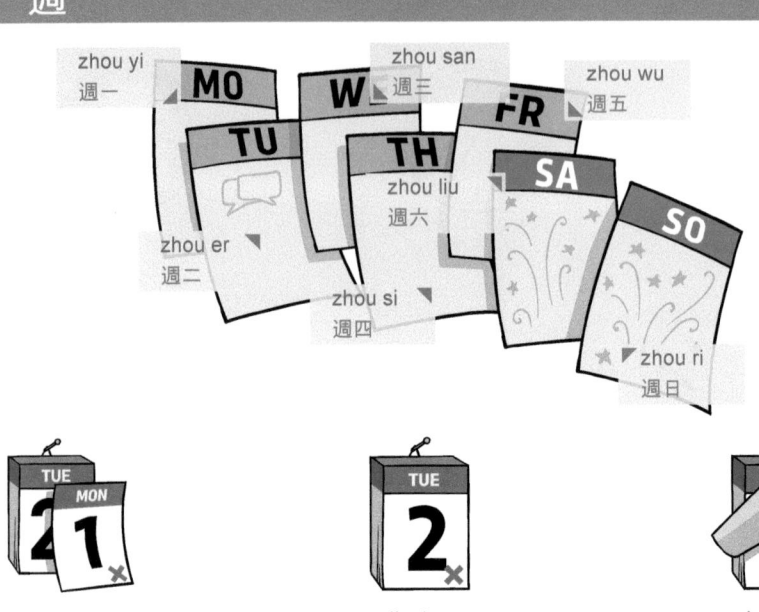

zhou yi
週一

zhou san
週三

zhou wu
週五

zhou er
週二

zhou liu
週六

zhou si
週四

zhou ri
週日

zuo tian

昨天

jin tian

今天

ming tian

明天

zao chen

早晨

zhong wu

中午

wan shang

晚上

gong zuo ri

工作日

zhou mo

週末

yu
雨

cai hong
彩虹

feng
風

xue
雪

chun
春

qiu
秋

xia
夏

dong
冬

tian qi yu bao

天氣預告

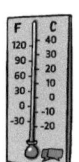

wen du ji

溫度計

yang guang

陽光

yun

雲

wu

霧

chao shi

潮濕

shan dian

閃電

da lei

打雷

feng bao

風暴

bing bao

冰雹

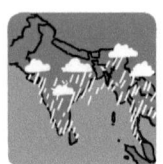

ji feng

季風

hong shui

洪水

bing

冰

yi yue

一月

er yue

二月

san yue

三月

si yue

四月

wu yue

五月

liu yue

六月

qi yue

七月

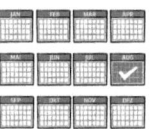

ba yue

八月

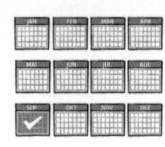

jiu yue
....
九月

shi yue
....
十月

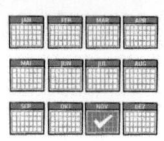

shi yi yue
....
十一月

shi er yue
....
十二月

xing zhuang
形狀

yuan xing
....
圓形

zheng fang xing
....
正方形

chang fang xing
....
長方形

san jiao xing
....
三角形

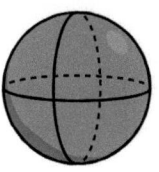

qiu ti
....
球體

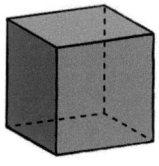

li fang ti
....
立方體

bai

白

huang

黃

cheng

橙

fen

粉

hong

紅

zi

紫

lan

藍

lü

綠

zong

棕

hui

灰

hei

黑

hen duo/shao xu

很多/少許

sheng qi/ping jing

生氣/平靜

mei/chou

美/醜

shou/wei

首/尾

da/xiao

大/小

ming/an

明/暗

xiong di/jie mei

兄弟/姐妹

gan jing/ang zang

乾淨/骯髒

wan zheng/que shi

完整/缺失

bai tian/wan shang

白天/晚上

si/sheng

死/生

kuan/zhai

寬/窄

ke shi yong/fei shi yong

可食用/非食用

xie e/shan liang

邪惡/善良

xing fen/wu liao

興奮/無聊

pang/shou

胖/瘦

di yi/zui hou

第一/最後

peng you/di ren

朋友/敵人

man/kong

滿/空

ying/ruan

硬/軟

zhong/qing

重/輕

e/ke

餓/渴

sheng bing/jian kang

生病/健康

fei fa/he fa

非法/合法

cong ming/yu ben

聰明/愚笨

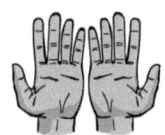

zuo/you

左/右

jin/yuan

近/遠

xin/jiu

新/舊

mei you/you xie

沒有/有些

lao/you

老/幼

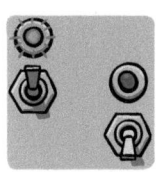

kai/guan

開/關

da kai/he shang

打開/闔上

an jing/chao nao

安靜/吵鬧

fu/qiong

富/窮

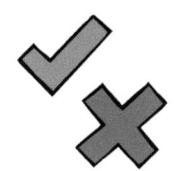

dui/cuo

對/錯

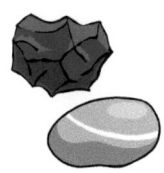

cu cao/guang hua

粗糙/光滑

shang xin/gao xing

傷心/高興

duan/chang

短/長

man/kuai

慢/快

shi/gan

濕/乾

wen nuan/liang shuang

溫暖/涼爽

zhan zheng/he ping

戰爭/和平

0

ling

零

1

yi

一

2

er

二

3

san

三

4

si

四

5

wu

五

6

liu

六

7

qi

七

8

ba

八

9

jiu

九

10

shi

十

11

shi yi

十一

12
shi er

十二

13
shi san

十三

14
shi si

十四

15
shi wu

十五

16
shi liu

十六

17
shi qi

十七

18
shi ba

十八

19
shi jiu

十九

20
er shi

二十

100
bai

百

1.000
qian

千

1.000.000
bai wan

百萬

ying yu

英語

mei shi ying yu

美式英語

pu tong hua

普通話

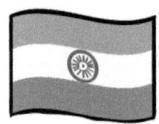

yin di yu

印地語

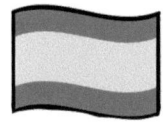

xi ban ya yu

西班牙語

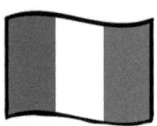

fa yu

法語

a la bo yu

阿拉伯語

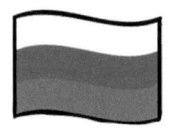

e yu

俄語

pu tao ya yu

葡萄牙語

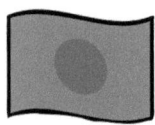

feng jia la yu

孟加拉語

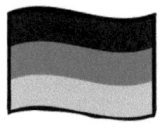

de yu

德語

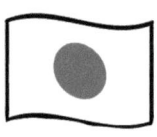

ri yu

日語

wo

我

ni

你

ta/ta/ta

他/她/它

wo men

我們

ni men

你們

ta men

他們

shei?

誰？

shen me?

什麼？

zen yang?

如何？

na li?

何處？

shen me shi hou?

何時？

ming zi

名字

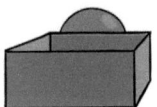

hou mian

後面

li mian

裡面

qian mian

前面

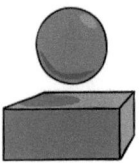

shang fang

上方

shang mian

上面

xia mian

下麵

pang bian

旁邊

zhong jian

中間

di dian

地點